AF234277

A destruction
de iherusalē. La vengence de nostre sei-
gneur:et comment pylate fina ses iours.

Pres quarate ans que nostre saulueur ihucrist fut mys en larbre de la croix en iherusale Valpasien lempereur filz de auguste cesar empereur de ro me:dalmaigne ꝫ de toute lombardie tenoit en decret iherusalem et les iuifz de rome:et estoit seigneur de toute espaigne:ꝫ ieusnoit voulentiers ꝫ faisoit grandes abstinences: et faisoit adourer les ydoles ꝫ estoit le plus grat seigneur de tout le mode : car il auoit tous biens et plaisirs a son dein. ꝉe auoit vng filz fort sage et noble qui sappelloit ti tus: lequel auoit soubz luy et tenoit grant puissance. Et en celuy teps auoit de grans plaisirs: ꝫ estoit en erreur des ydoles:lesql les estoient maintenues par lart du diable qui dedes elles parloit: par lesquelles tout le mode se pardoit. Mais ihucrist qui souf frit moꝛꝫ passion pour racheter toute crea ture humaine et pour oster valpasien lem pereur ꝫ toutes ces gens de celle erreur luy donna vne maladie quon appelle chancre: Si q le nez du visaige les oreilles la barbe/ et les mais luy pelerét Parquoy luy ꝫ tous ses gens en furent foꝛt doulens et courrou ces. Et tantost firét venir to⁹ les meilleurs medecins quilz peurent trouuer mais riés

ne luy valoit leur medecine. Et dirent que aultre chose ne si pouoit faire.si non par la grace de dieu.

Comment la maladie vint au corps de valpasien lempereur:tant quil en fut tout mesel.

OR adonc la maladie vint au corps devalpasie lepereur en telle maniere que il fut tout mesel ꝫ fut tat mal adoube de meselerie quil ne se pouoit te nir sur ses piedz. En icelluy temps vit vng disciple de ihucrist a rome q sappelloit cle met: et pour la peur ql auoit de lempereur et de ses ges il nosoit prescher ne pler de thu crist:mais vit vng iour ql se mist a prescher de ihucrist et de sa foy: ꝫ conuertit aucunes gens.Et gay q estoit seneschal de lepereur vint au preschement ꝫ moult voulétiers le scouta ꝫ se conuertit a la foy de ihucrist. Et prit grat plaisir au sermo de cestuy apostre et adoura dieu.Et aps le sermon fait il sen ala a lepereur: leql il troua en son lict:ꝫ le vit moult deffigure. Et quat il vit q son sei gneur auoit si grat mal coméca a plourer. ꝫ avoit lepereur luy dist. Amy ne plourer plus car nostre dieu ma done ceste maladie ꝫ me guerira quat il luy plaira:ꝫ sil me gue rist ie luy prometz que ie luy bastiray le pl⁹ beau teple quôques seigneur fit bastir . Et gay luy dist. Je ne croy point q vostre dieu aye nul pouoir Mais au teple devostre pe re august cesar ay ouy dire q en iherusale auoit vng saint prophete quonappelloit ie sucrist q en sa vie faisoit de grans miracles car il guerissoit les mescaulx q estoiét mala des de vostre maladie:et ceulx qui riens ne veoient il les faisoit veoir : les sours il fai soit ouyr:ꝫ les malades rendoit sais ꝫ gue riz:les muetz faisoit parler ꝫ guerissoit to⁹ ceulx et celles qui de bon cueur le prioyent:

A.ij.

mais les iuifz eurēt si grāt despit des grās miracles q̄l faisoit quilz le mirent a mort: et crucifierent . Et pylate vostre preuost le iugea a mourir z a estre crucifie en la croix. Et ainsi que iay ouy dire au tiers iour il resuscita:z apꝛs sen monta aux cieulx:et aussi ay ie ouy dire que qui pourroit auoir aucune chose qui eust touche son corps:z que lon creust fermement en luy de quelque maladie quon eust quon en seroit tantost guery. Parquoy sire me semble que se pouoyes auoir aucune chose qui eust touche son corps que vous series tantost guery. Adonc lempereur luy demanda. Celluy prophete creoit il et adoroit nostre dieu.Et gay le sennechal luy respondit.Sire cōment poue3 vo9 dire ne penser que celuy saint prophete adorast vostre dieu:car iay ouy dire q̄l est dieu z seigneur de tout le monde:z est descendu en terre prendre chair humaine en laquelle il a print mort et passion pour racheter humain lignage. Et aussi ay ouy dire que quant il aloit par terre quil auoit soixante et douze disciples: lesquelz aloyēt auec luy:desquelz il en print douze de son secret:desquelz y en auoit vng qui auoit nom iudas:z celluy iudas le vendit es iuifz trente deniers:et aussi le deuoit faire selon lescripture des iuifz. Apꝛes celuy disciple iudas se repentit z leur rendit leur argent en disant quil auoit mal fait:mais les iuifz ne le voulurent oncques prendre. Et adonc le getta dedēs le temple: et par maltalent se desespera:z son ame sen ala auec les diables en enfer.Mais toutes ces choses laissons ester dist gay a lempereur et enuoyōs diligēment en iherusale3 veoir se on pourra aulcūe chose trouuer q̄ ait touche le saint pꝛphete:car se en poue3 aulcune chose trouuer tantost sere3 sain z guery.

Comment lempereur vaspasien enuoya gay son sennechal en iherusale3 pour veoir sil pourroit aulcune chose trouuer du saint prophete.

Donc lēpereur dist a son sennechal Se ainsi est comme tu dys ne demoure pl9 mais ten va en iherusale3 sauoir se tu pourras riēs trouuer qui ayt touche au saint prophete: et le me apporte Et saches que se le saint prophete me veult guerir que ie vengeray sa mort z passion et feray tant que ie dōneray trēte iuifz pour vng denier comme ilz a cheterent trente deniers.Et veulx que dye a pilate mon prouost quil me desplaist quil ne me ennoye le tribut que lon souloit ennoyer a mon pere car il ya sept ans qne ie nen eu riens . Parquoy ne luy pardonne pas.Sire dist gay le senneschal. Bien acōpliray vostre cōmandement se dieu plaist.Et tantost gay le sennechal sen alla appareiller pour sen aller : z gueres de gēs ne voulut mener mais tant seulemēt prit quatre cheualiers:z desceuiers ce q̄l voulut:et print des cheuaulx et du tresor de lēpereur a son plaisir:z sen alerēt par terre iusq̄s au port de barlete:et dillec iusq̄s au port dacre:et ce estoit par la voulente de dieu . Et quāt ilz furēt a acre ilz se mirent en vng vaissel et sen alerent par eau iusq̄s a cesaris·et de la sen alerent par terre iusq̄s en iherusalem : et logerent en lostel de vng bon iuif z sage nomme iacob pere de marie iacobe:et la seiournerent trois iours: z apꝛs quilz eurēt la demoure par lespace de trois iours ilz se firent cōgnoistre a iacob et parlerent a luy.Et iacob leur respondit.Vous me semble3 nobles et honnestes personnes et si vous plaist me dires de quelle terre ne de quel pays vous estes et que vous quere3 ne demandes:car si vous puis en riens seruir ie le feray de tresbon cueur.

Comment gay le sennechal dist a iacob son hoste quil estoit alle pour lempereur de romme.

Et adonc gay le sennechal de lempereur respödit a iacob son hoste et luy dist. Hoste vo⁹ me semblez prudôme t vo⁹ diray la verite. Sachez que ie senne chal de lempereur de rôme q est môseigneur t le vostre leql est prins dune maladie qui sap pelle chacre, laqlle luy a tout deffigure le vi saige t le corps/tellement ql ne se peut tenir sur les piedz/ t le puient garder nuyt t iour/ parquoy luy t to⁹les gens ont grät desplai sir de ce quon ne peut trouuer medecin ql le puisse guerir, et va tous les iours en empi rant. Et iay ouy parler dung saint prophe te q les iufz crucifierent a grät tort en ceste cite, leql faisoit en sa vie de gräs miracles t aussi aps sa mort/t ay pseille a monseigne⁷ que sil pouoit trouuer aulcune chose q eust touche au corps dicelluy sait prophete que tantost ql verroit ql seroit gueri/et pour ce ste cause ma icy enuoye pour scauoir se ien pourroye aulcune chose trouuer/t q la luy portasse Et pource mon hoste se de ceste cho se me pouez döner aulcun bon côseil. ou fai re que ien puisse trouuer vous aures grant guerdon de lempereur/ et a tous temps serez de sa court. Et vous prie hoste que ne me ce ler riés/car poit ne me retourneray deuers monseigneur que ie nen aye trouue aulcu ne chose. Et iacob luy respondit et dist. Sei gneur dittes moy sil vous plaist se lempe reur croit t adore le saint pphete. Et adonc gay le sennechal luy respondit. Il adore les ydoles/et pour nulle chose ne laisseroit son dieu. Et iacob son hoste luy dist Mon amy tournez vous en. Car sil ne croit en celluy saint prophete que ie vy qui souffrit mort t passion/et aussi par son amy ioseph le veis descëdre de larbre de la croix/t mettre en sô sepulchre/et apres ressuscita. Car ie le veis prescher a ses disciples. Et leur dist en ceste maniere. Allez par le monde prescher leuä gile a toute creature/et leur dittes que qui croira en moy et sera baptise quil sera saul ne et qui ny croyra et ne sera baptise il sera dampne. Parquoy vous dy que sil ne croit en luy quil ne peut guerir et sil y veult croi re il sera tantost gueri. Et vous dy par exë ple que vne bonne femme nommee veroni que de galilee estoit tant meselle quelle no soit aller auccqs les aultres femmes. mais elle auoit tousiours fiance an saint prophe te ihesucrist et elle sceut que les iufz lauoy ent mis en croix. Si vint au pie de la croix pres de la vierge marie mere du saint pro phete et dung de ses disciples nomme iehä: et elle nosoit approscher deulx mais de loig plouroit et souspiroit. Et quant la vierge marie la vit ainsi plourer elle luy fit signe quelle vint a elle/et elle y vint.

Cõment iacob racontoit a gay le sen nechal comment la vierge marie a uoit baille a veronique la touaille ou estoit la face de ihesucrist.

Or adoncq la glorieuse vierge marie mere de ihesucrist print vne touaille q veronique por toit en sa teste et lestendit de uant la face de ihucrist. Adöc la face de ihesucrist demoura pourtraite en la touaille t la bailla a veronique t tantost quelle leut elle fut saine et guerie. Et vero nique la encores. Adonc gay le sennechal luy dist Mon hoste ie croy bien ce que vous me dittes t vous prie que cercher la femme et quelle sen viegne auec moy a lempereur: car ie scay bien que il croira voulentiers au saint prophete. Et quant il sera guery tou te crestiente sera exaulcee/et la mort de ihu crist vengee. Et tantost iacob enuoya que rir veronique/et quant elle fut venue iacob luy côpta cômment gay le sennechal de lem pereur estoit venu a elle et quil luy puenoit aler a rôme pour guerir lempereur q estoit mesel/et qlle portast la touaille pour le gue

rir. Et veronique dist . Je iray voulentiers
pour exaulcer la foy de ihūcrist : car sil peut
guerir tout le peuple croira en luy. Quant
gay le senneschal sceut ces nouuelles il eut
moult grant ioye et dist a veronique quelle
sappareillast pour sen aller a romme . Et
puis dist a iacob. Je vouldroye voulentiers
parler a pilate Et iacob luy dist ie iray vou
lentiers auec. Adoncques gay le senneschal
sen alla vers pilate et parla a luy deuant le
temple de salomon ⁊ luy dist . Pilate ie suis
messagier de lempereur de romme monsei
gneur et le vostre:et vous mande par moy
que vous luy ennoyez son tribut que luy de
nez de sept ans/car il se tient mal côtent de
vous de ce que ne luy auez enuoye chescun
an. Encores se le voulez ennoyez il sen tien
dra content : car ceste terre est subiecte a rō
me/et se ainsi le faites ie vous excuseray en
uers luy/et pource leues vostre conseil ⁊ luy
ennoyez par moy. Quant pilate ouyt gay
ainsi parler il luy respondit orgueilleuse
ment/et en le menassant luy dist quil en au
roit son conseil. Tantost vng mauuais hō
me nomme barrabam qui estoit du conseil
de pilate ⁊ son senneschal dōna cōseil que tri
but ne hōmage ne seroient a lēpereur Car
tout le peuple vouloit q̄ pilate fust seigneur
de iherusalé ⁊ q̄ lempereur fust seigneur de
rōme ⁊ de toute lōbardie:⁊ dist a pilate q̄l ne
luy failloit ia doubter de riēs:car se lempe
reur ⁊ tous ses gens venoyent en iherusalē
faire guerre quil ne pourroient auoir deau
Et pilate tint ce conseil a bon ⁊ voulut fai
re tuer gay le senneschal: mais barrabā dist
q̄l ne le deuoit point faire: ⁊ quon ne deuoit
iamais mal faire a vng messagier. Et incō
tinent pilate luy dist quil sen alast:⁊ quil ne
tenoit riens de lempereur de romme.

Comment gay le senneschal sen re
tourna a rōme tout courrouce pour
faire la responce de pylate.

Donc gay le senneschal se par
tit de pilate tout courrouce et
pensa de sen retourner a rom
me/tantost print conge de ia
cob son hoste et luy donna for
ce dargent/⁊ sen partit auec veronique ⁊ sa
compagnie et sen alerent au port dacre ⁊ la
se misrent en vne nef:⁊ eurent si bon temps
quilz vindrent au port de barlete ou ilz firēt
grant feste a gay qui estoit leur maiour: et
creoit que dieu faisoit vertu pour la femme
quil menoit. Et quant ilz eurent la seiour
ne par lespace de deulx iours ilz monterēt
a cheual et sen vindrēt a romme ou ilz trou
uerent lempereur fort malade . Et quant
lempereur ouyt dire que gay son senneschal
estoit venu il en eut tresgrant ioye/car fort
desiroit parler a luy . Et ainsi q̄ gay le sene
chal arriua lempereur auoit mande to⁹ ses
gēs ou il y auoit roys/ducz/contes/et toute
cheualerie/car il estoit tant deffigure que il
ne se pouoit gouuerner ne ne se pouoit mo
uoir.et le lendemain deuoit couronner son
filz titus.

Comment gay le senneschal vint de
uant lempereur son seigneur et hum
blement le salua.

Ay le sennechal adōc vint de
uant lempereur son seigneur
et le salua. Et tantost lempe
reur pour la premiere chose
luy demanda sil auoit riens
trouue parquoy il peust guerir . Et gay le
senneschal luy respondit . Sire rendes gra
ces a ihūcrist. Je trouue vne saincte dame q̄
a la face de ihūcrist en vne fouaille de laq̄l
le elle fut guerie:⁊ pource sire prier ihūcrist
le tout puissāt quil vous vueille guerir: car
se vous ne croyez en luy aultremēt de ceste
maladie ne pourrez guerir. Et lempereur
luy respondit Je croy bien ce que tu me dys

et se ihucrist me fait tant donneur quil me
dône sante de mô corps ie vêgeray sa mort
Et va faire venir celle dame ⁊ qlle apporte
la touaille sainctement et dignement ainsi
quil appartient. Sire dist gay le senuechal
demain quât la baronnie sera toute venue
ie feray venir la famme deuant vous en la
presence de tous pour veoir le grant mira-
cle:affin quilz croyent tous en la loy de ihu
crist:et adonc vous pourres couronner vo-
stre filz titus ⁊ faire empereur se vous vou-
les:⁊ que au plaisir de dieu soit fait. Adonc
gay le senuechal laissa lempereur en son pa
lais et sen retouzna en son hostel ou il trou
ua veronique la saincte fême ⁊ luy dist.Da
me vous verres demain monseigneur: car
il veult que vous venes deuant luy ⁊ pzie-
res nostre saulueur ⁊ redempteur ihucrist q
il y vueille demonstrer son miracle en telle
maniere que tout le mõde croye en luy.Et
quant la bonne femme ouyt cela elle se mist
en ozaison en pziant deuotement ihucrist ql
voulsist exaulcer son nom:⁊ saint pierre et
saint pol disant en ceste maniere.Sire dieu
tout puissant vueillez monstrer deuant le
peuple ta vertu et puissance en telle manie
re ql te plaise guerir ce noble hôme êpereur
affin ql vueille croire en toy:et aussi q tout
le peuple viegne a baptesme ⁊ a la foy de ihe
sucrist.Sire dieu vueilles le guerir ainsi q
ie fus guerie quât ta mere me bailla ta face

Côment veronique congneut saint clement ainsi quil passoit par la rue

T aisi q veroniq estoit en oza
son vng disciple de ihucrist nõ
me clemêt passa par deuât la
pozte ⁊ elle leua la teste ⁊ le cõ
gneut ⁊ lapella ⁊ luy dist. fre
re clemêt dieu vous salut:⁊ il eut grât ioye
quât elle lappella p son nõ:⁊ qlle parloit de
ihucrist en lostel de gay sennechal de lempe

reur de rôme.et veronique luy dist:frere ne
ayes paour:car dieu et la saincte crestiente
sera exaulcee. Je croy que vous ne me con-
gnoissez se ie ne le vous dis. Je suis celle fe-
me qui estoit tant meselle en galilee quant
nostre seigneur ihucrist fut mis en la croix
et nostre dame saincte marie sa treschiere
mere pzint vne touaille q ie auoye en la te-
ste ⁊ la mist deuât la face de nostre seigneur
ihesucrist:et puis elle la me bailla:et incon-
tinent que ie leu entre mes mains ie fus sai
ne et guerie:⁊ pource suis venue en ceste ter
re pour guerir lempereur:⁊ silvous plaist v
viendzes demain auec moy et prescherez la
foy de ihesucrist. et saint clement luy dist.
Dame cest par la grace de dieu ⁊ au plaisir
de dieu soit. Je voˀ pzie que vous me dittez
vostre nom.et celle luy respondit. Veroniq

Commêt saint clement pzint congie de veronique,

Clement disciple de ihesucrist
pzit ⁊gie de la dame veroniq
⁊ sê ala iusqs au lendemain
Et cestuy iour lempereur ne
voulut poit adozer ses dieux
car il ny auoit plus ferme creance pource q
gay son seneschal luy auoit dit.Quât vint
ledemai a heure de tierce q toute la court et
toute la barõnie fut assemblee lepereur fit
venir gay son seneschal.⁊ puis apz vint ve
ronique ⁊ apporta la touaille en sa mai dex
tre ⁊ la bailla a clement:⁊ quât ilz furent de
uât lêpereur veronique le salua et luy dist.
Sire plaise voˀ escouter cestuy sait pzudom
me q est des disciples de ihucrist:⁊ apz le ser
mon au plaisir de dieu serez tâtost guery:⁊
adôc lempereur cômanda a toutes ses gês
ql fust bien escoute:⁊ tantost saint clement
môta en vne haulte chaire ⁊ cômêca a pzes
cher de licarnatiõ de ihucrist:de la natiuite
du baptesme du fleuue iourdain:la quarâ

taine de iudas q̃ le trahit ⁊ vendit trente de
niers/comment pilate le iugea a mort de la
mort ⁊ passion q̃l endura en la croix/ cōmēt
ioseph le mist au sepulcre ⁊ cōment il descen
dit de la croix/de la resurrection cōmēt il de
spoilla enfer/de lascēsion cōment il trāsmit
le sait espit a ses apostres/⁊ cōment au iour
du iugement il viendra iuger les bons ⁊ les
mauluais/⁊ fut la fin de son sermō / ⁊ si dist
amen . Et puis aps se mist en oraison/ ⁊ ve
ronique aussi/ ⁊ prierēt ihūcrist tout puissāt
q̃l luy pleust demōstrer son miracle : ⁊ quāt
ilz eurēt finee leur oraison ilz desployerent
deuant lēpereur la touaille ou estoit la face
de ihūcrist:⁊ la luy firēt adorer:et tantost q̃l
eut adoree il fut aussi sain q̃ se iamais il ne
eust este malade:⁊ sen ala p tout aussi legie
rement que hōme de sa cōpagnie. De quoy
luy ⁊ tout le peuple q̃ la estoit en eurēt mōlt
grāt ioye:⁊ en redirēt graces ⁊ mercis a no
stre benoist saulueur ihūcrist aisi que saint
clement leur auoit enseigne. Et aps courō
na son filz titus moult honnorablement.

Cōment le lendemain saint clement prescha deuant lempereur : et le pria quil se fist baptiser.

E lendemain au matin pres
cha saint clemēt a lempereur
et a son filz titus deuāt tous
ses gens: ⁊ fut fort bien escou
te. Quāt il eut fine sō sermō
il rendit graces a dieu ⁊ aussi fit lēpereur et
tous ses gens respondirēt amen . Et saint
clement dist a lempereur. Seigneur puis q̃
dieu voˀa fait si grāt grace q̃vous estes sai
et bien gueri ie voˀprie par sa saicte amour
que voˀ vous faciez baptiser . car ihūcrist a
establi le baptesme par leql on est saulue: et
dieu la dōne en la loy. Adonc lempereur cō
manda a tous ses gens q̃ hardiemēt ⁊ sans
nulle crainte se fissent baptiser:⁊ aussi tous

hōmes ⁊ fēmes ses subietz pour exaulcer la
loy de ihūcrist ⁊ de crestiēte. Je doy dist lem
pereur grant guerdon a ceste femme qui a
tant trauaille pour moy. Adonc il la print
par la main et luy dist. Prenez de ma terre
ce quil vous plaira car ie le veulx soient vil
les.chasteaulx.or.argēt.ou autre cohse qui
vous plaise en ma terre.Excepte rōme qui
est le chief de ma terre.Et veronique luy re
spondit.Grant mercys sire a dieu ⁊ a vous
mais ie vous prie que ce quil vous me plai
ra donner que le donner a clement apostre
de ihūcrist:car ie me suis dōnee a luy. Et lē
pereur en fut bien ꝓtent.⁊ luy dist.Clemēt
prens de ma terre ce quil te plaira· Sire dist
clement. Je ne veulx riens du vostre: mais
quil vous plaise vous faire baptiser ⁊ tous
voz gens:et vous croyez en la foy de ihesu
crist:lequel vous a fait tant de grace que il
vous a rendu tout sain et guery.

T adoncques lempereur luy respō
dit et luy dist. Amy ie veulx que tu
soyes apostole et le pere de toute crestiente.
Et veulx que tu presches et q̃ faces prescher
par toute ma terre la loy de ihūcrist : et que
tout homme et toute femme qui se vouldra
baptiser quil se baptise et quil tiegne la loy
de ihūcrist et quil me plaist bien:mais vueil
les sauoir que ie ne me baptiseray iusques
a tant que iaye vengee la mort de ihūcrist:⁊
ie te prometz sil plaist a dieu que ie retour
ne que ie me feray baptiser ⁊ si feront tous
mes gens. Et tantost men iray en iherusa
lem pour venger la mort et passion de ihū
crist quil print et endura en la croix a grant
tort et sans cause.

Comment lempereur vaspasien fit saint clement pape ⁊ apostole a rōme

T adonc lēpereur fit sait cle
mēt pape de rōme.et fit faire
vne eglise ⁊ vng autel en reue

rence de fait fymeon:t deffus celluy autel a
deux piliers ou eft la toille en laquelle eft la
face de ihucrift . Et auffi fit faire des fons
pour baptifer tous ceulx qui fe vouloiet ba
ptifer. Adonc faint clement baptifa veroni
que t la noma par fon nom:t prefchoit fou
uent deuat tout le peuple. Et aps cela gay
le fennechal fen entra auec vafpafien lem/
pereur t luy dift. Sire vo⁹ deues auoir grat
ioye puis q̃ vous eftes bien gueri et dieu en
foit loue.mais ie vo⁹ copteray de pilate vo/
ftre preuoft quelle refpoce il me fift quat ie
luy dis de par vous quil vous enuoyaft vo
ftre tribut. Adoc il me fit trefmauuaife chie
re t me dift quil ne vo⁹ eftoit point tenu ne q̃l
ne vous deuoit riés ne ne vous cognoiffoit
nullement:t me dift q̃ le lattedoie gueres q̃l
me feroit mourir.Mais de la ioye q̃ iauoie
dauoir trouue voftre fente et ce q̃ vous fai/
foit meftier a vo⁹ guerir ie ne luy en parlay
plus:mais bic le menaffay de par vo⁹ t luy
dis que certainement en feroit deftruit.

Coment gay le fennechal racotoit a lepereur vafpafien que vng iuif luy auoit dit q̃ thufale auroit grat famine.

t quat ie luy en dit ces polles
vng fage iuif fe leua et parla
deuat pilate t dift Denat peu
de teps en cefte cite de iherufa
lez aura grat famine q̃ la me
re mengera fon enfant de la grat fain q̃le
aura. Et vng aultre faige iuif nome iacob
dift q̃ certainemet le fait pphete auoit dit q̃
en brief teps viedroit la deftructio de iheru
falem:t q̃l ny demourcroit pierre fur pierre
t q̃l y auroit fi grat famine q̃ les meres me
geroiet leurs efans Et quat pilate eut ouy
ces polles il en fut fort courrouce:tleur dift
que fil parloiet plus q̃l les en feroit repeir
Et ainfi fire poues bien veoir t cognoiftre
la bonte qui eft en pilate voftre preuoft.

T quant lempereur onyt ces parol/
les il fut fort courrouce: t incotinent
manda querir fon oft p̃r toute fa terre : et
que a toute diligence veniffent a romme:et
tantoft fut fait.Et vindient roys/ducz/co/
tes/barons/et aultres cheualiers affez/t vin
dient le mieulx en point quilz peurent com
me filz euffent efte pres dentrer en bataille:
Et eftoient en nombre trois cens mille che/
ualiers fans les aultres genfdarmes . Et
tantoft lempereur fit appareiller neuf cens
galees t aultres fuftes iufques a frente mil
le/efquelles luy t toute fon armee fe mifret
fur la mer t firent faire voilles: t euret bon
temps : fi que dedens cinq iours furent au
port dacre auffi come a leure du foleil leuat
et tantoft ceulx de la cite dacre rendirent la
ville a la voulente de lempereur vafpafien
et il les print a mercy.

Coment vafpafien alla affieger vng chaftel qui eftoit entre acre et iherufalem:lequel eftoit a iaffet de iaffa.

Dant ilz furet la vng peu re
pofes ilz fen aleret a vng cha
ftel qui eftoit entre acre et ihe
rufalez lequel fappelloit alca
phet: t eftoit a vng noble iuif
nomme iaffet de iaffa. Et quat les iuifz vi
rent loft fi grant entonr du chafteau : et la
uangarde ilz fe fuffent trenfuoleutiers ren
dus fe lempereur les euft voulu prendre a
mercy.Et tantoft que loft fut eftendu dieu
ennoya fi grandes neges et fi grans vens
que a peine nul ne ofoit demourer es mai
fons:et celluy chaftel eftoit fort bien bafti: t
dedens bien garny de toutes chofes : car le
feigneur eftoit fort faige et bon cheualier et
fut ne en nazareth:t eftoit coufin germain
du noble homme iofeph dabarimathie qui
mift ihefucrift au fepulchre. Et celluy feig
neur appelle iaffet de iaffa eut en fon con/

seil quilz rendroient le chastel se lempereur
vaspasien le vouloit prendre a mercy: mais
il ne les y voulut oncques prendre.

Cōme lempereur print le chastel et tua tous les iuifz q̄ estoient dedēs except̄ iaffet ł son cousin ł plusieurs autres qui estoyent mussez soubz terre.

Eu de temps apres lēpereur
print le chastel ł fit tuer tous
les iuifz qui estoiēt dedēs:ex-
cepte iaffet de iaffa ł son cou-
sin germain ł plusieurs aul-
tres qui sestoient mussez en vne grande ca-
ue dessoubz terre lesquelz y furēt lespace de
trois iours. Et quant ilz virent q̄ illec leur
cōuenoit mourir de fain ilz se tuerent lung
lautre excepte iaffet ł son cousin germain q̄
ne ceboulurent pour riens entretuer ne fai
re nul mal. Et quant iaffet vit q̄ les autres
estoyent ainsi mortz il dist a son cousin ger-
main. Iestoye seigneur et maistre de cestuy
chastel ł estoye tenu a sage homme ce seroit
grant honte dainsi mourir. Mieulx vault
pour nostre proffit q̄ nous no⁹ ostions dicy:
car ievoy ł cōgnois que nous ne pouōs lon
guement tenir. Et cantost lēpereur fit aba
tre les murs du chasteau ł remplir tous les
fosses. Adonc iaffet ł son cousin se partirēt
de la caue ł sen alerent tout droit deuant lē
pereur ł se mirent a genoulx deuāt luy:et
iaffet cōmenca a dire. Sire iestoie seigneur
de cestuy chasteau que vous auez fait aba-
tre. Iay entendu que vous estes venu pour
vēger la mort ł passion de ihūcrist q̄ a grāt
tort mourut en iherusalez ł q̄ Dieu destrui
re la cite ł que ainsi est ordonne:vueillez sa
uoir que le saint prophete estoit bien mon a
my. Et vng mien cousin nomme ioseph da
barimathie le descendit de la croix:ł le mist
au sepulchre. Et sachez que se vous voulez
prendre iherusalez q̄ nous vous ferōs bien

mestier pour vous dōner conseil:car il sera
fort a prēdre. Et vous prie sire que vueillez
auoir pitie ł mercy de no⁹ ł no⁹ vo⁹ dōnerōs
bon conseil. Et adonc lempereur les prit a
mercy: ł ilz le prierent quil leur fist dōner a
menger ł il le fit. Et quāt ilz eurent menge
il les fit venir deuant luy:ł il luy cōterent
cōment ilz auoient este en la caue et quilz a
uoyent eu grāt fain. Et tantost lempereur
leur demanda silz crioyent au sait prophe
te:et ilz luy respondirent que ouy Et adōc
il les retint de son conseil.

Comment lempereur ł son filz titus partirent du chateau ł sen alerent assieger la cite de iherusalem.

T apres toutes ces choses lē
pereur vaspasien ł titus son
filz auec tous les cheualiers
sen partirēt de la ł sen alerēt
assieger iherusalem. Et adōc
fut acōpli ce que auoit racōte saint luc:car
quāt ihūcrist fut pres de iherusalē il se print
a plourer ł dist. Si tu sauoies qui te aduien
dra tu ploureroyes: car tu ne sces le iour ne
leure que tout entour seras assiegee ł ny de
mourera pierre sur pierre: ł les enfaus qui
sont dedens seront destruitz. Encore ne sa
uoit riens pilate qnon venist deuers luy Et
tous les iuifz de la terre de iherusalē estoy
ent venus en la cite: ł le filz du roy herodes
nōme archilaus qui estoit couronne roy de
galilee vint a la feste auec tous ses gens:et
incontinent que les iuifz furēt tous en ihe
rusalem il commenca a faire vng si grant
vent que nul nen osoit partir pour sen aler
Et adoncques lempereur vaspasien et son
filz titus auecques toute leur armee arriue
rent deuant iherusalem pour lassieger:ł in
continent tout a lentour assirēt le siege tel
lement quil ne pouoit riens entrer ne sail-
lir qui ne passast par lost de lempereur.

Quãt pilate ⁊ tous les iuifz q̃ eſtoient en la cite de iheruſalez virent ſi grãt oſt tout entour de iheruſalẽ ilz furẽt moult eſpouẽtez Alors le roy archilaus diſt a pilate. Nayes paour:car il ya en ceſte cite tant de bõs cheualiers ⁊ eſt ſi forte et tant bien garnie q̃ ne deues auoir doubte de riens. Il nous fault tous armer ⁊ les irõs aſſallir ⁊ les ferons repentir. Et auſſi ilz ne peuẽt longuemẽt tenir pour faulte deau. Et celluy cõſeil pleut fort bien a pilate/⁊ tantoſt fit crier a ſon de trompe par toute la cite q̃ diligẽment tout hõme fuſt preſt ⁊ arme pour aler combatre. Et quãt ilz furẽt hors de la cite lempereur et tous ſes gens eſtoyent au plus pres des murs quilz ne furent ſi oſez ne ſi hardis de les aſſaillir. Adonc ſen retournerẽt en la cite ⁊ fermerẽt les portes tres bien ⁊ tindrent leur conſeil. Et tantoſt pilate fit crier derechief par toute la cite que tout hõme ⁊ auſſi toutes femmes ſi portaſſent pierres ſur les murs pour deffendre la cite/⁊ ainſi le firent Et incontinẽt pilate ⁊ le roy archila⁹ monterent ſur les murs auec bien trẽte mille cõbatans ⁊ alerent tout entour de la cite/⁊ cheſcun auoit bng iaques de bermeil beſtu/⁊ pilate tenoit en ſa main bng baſton blanc et pleuent a lẽpereur q̃ eſtoit auec iaffet ⁊ auec gay ſon ſennechal au pres des murs. Tit⁹ le filz de lẽpereur eſtoit demoure es tentes. Et lẽpereur demãda a gay lequel eſtoit pilate.Et il luy reſpondit que ceſtoit celluy q̃ tenoit en ſa main le baſton blanc.

Cõment lẽpereur vaſpaſien parla a pilate ⁊ luy demanda pourquoy il ne luy auoit ennoye le tribut q̃l auoit a couſtume demuoyer a ceſar ſon pere.

Donc lempereur vaſpaſien parla a pilate ⁊ luy diſt Le noble ſeigneur mõ pere auguſt ceſar te bailla iheruſalem en garde/⁊ boulut que tu fuſſe ſon pñoſt/⁊ que ſon nom gardaſſe toute ſa terre de pardeca et quant tu ſceuz quil fut mort tu ne me ennoyas de trois ans le tribut ainſi que tu denoyes/⁊ il a maintenãt ſept ans q̃ ie nen eu riens/⁊ quãt iay ennoye mon ſennechal deuers toy tu le boulſis oultrager ⁊ luy dys q̃ tu ne tenoyes riens de moy/⁊ q̃ ie gardaſſe bien rõme ⁊ lõbardie : ⁊ q̃ tu garderoyes biẽ iheruſalẽ/⁊ pource ie beulx que me faces ouurir les portes de la cite ⁊ q̃ face de toy et de to⁹ ceulx qui ſont dedẽs a ma boulente. Et pilate luy reſpõdit quil en auroit ſon cõſeil.

Comment pylate alla tenir ſon conſeil au temple de ſalomon.

T adonc pilate ſen ala au tẽple de ſaloiõ auec ſes barõs et auec le roy archila⁹ ⁊ le roy archilaus luy diſt. Nayes paour des menaſſes de lempereur. Bo⁹ aues tãt de bõne cheualerie car ie croy quen la tierce partie du monde nen va point tant/⁊ auſſi ſeroit grant oultrage de ſoy rendre a la boulente de lempereur. Et adonc barabã ſennechal de pilate ſe leua et diſt. Sire ſachez q̃ le roy archilaus a donne bon cõſeil ⁊ ne bous doubtez de lẽpereur/car il ne peut guires demourer icy auec ſes gẽs pour cauſe quilz naurõt point deau ſilz ne la bont querir au fleuue du diable la ou periſrent deux citez/ceſtaſſauoir ſodome et gomoire et trop leur ſeroit loing/car il ya demye iournee dicy ⁊ pource nous pouõs biẽ tenir ſept ans contre luy/parquoy ie bous conſeille q̃ le deſfiez affin que luy ⁊ ſes gens ſen retournent. Et adonc pilate ⁊ le roy archilaus et tous les aultres qui eſtoyent au conſeil tindrent celluy conſeil bon et ſen alerent ſur les murs de la cite: et pilate cõmença a parler a lẽpereur et luy diſt. Seigneur empereur retourner bous en ⁊ garder bien

vostre terre/car ie garderay biē ceste icy cō-
tre vous t cōtre tous mes ennemis et point
ne vous rendray la cite. Et affin q̃ vous ne
voz gens ne destruisez ie vo⁹ ꝯseille q̃ tātost
vous vo⁹ en retourner. Lempereur luy dist
ne māde point a retourner/mais me dy se
tu me rēdras la cite/ainsi que tu es tenu de
faire a ton seigneur/ou ie feray en telle ma
niere q̃ toy ne hōme q̃ soit dedēs ne prēdray
a mercy. Et pilate respōdit. La cite poit ne
te rendiay ne ia ne vous appelleray mō sei-
gneur/t vous en alez dicy se vo⁹ me croyez:
car ie feray de vo⁹ce q̃ cuides faire de moy/t
ne vous doubte ne ne vo⁹ puise vng denier.
A tāt lēpereur sen partit dillec t sen retour
na en sa tente t raconta toutes ces choses a
son filz titus/dequoy il en eut tresgrāt ioye
et dist. Benoist soit ihūcrist de ce q̃l ne veult
que le faulx t mauluais traistre pilate vien
gne a mercy : et dicy en auant ne penser a-
uoir mercy de luy nēplus q̃l eut de ihūcrist
Et saches sire q̃ dieu veult q̃l soit ainsi: car
pilate souffrit quon fist mourir ihūcrist t en
fut consentant/car il iugea a mourir en la
croix/t si disoit q̃l ne trouuoit en luy nulle
cause ne raison q̃l deust mourir : pquoy la
cite viendra a grāt misere t destruction. Et
tantost q̃ titus eut ce dit il vint ceulx q̃ gar-
doiēt les cheuaulx t dirēt a lēpereur. Sire q̃
ferōs no⁹ voz cheuaulx t voz aultres bestes
ont si grāt soif que a bien peu q̃lles ne meu
rent/et ne trouuons goutte deau pour les
abreuuer plus pres que a vingt t cinq mille
dicy au fleuue du diable ou perirent deux
cites/cest assauoir sodome t gomorre. Et se
nous partons a laube du iour il est nōne de
uant que no⁹ puissions estre retournez:par
quoy sire lost ne se peut icy lōguemēt tenir
se nous nauons de leau plus pres de nous.

**Quant lempereur ouyt ces nouuel-
les il fut moult esbahy t en demanda
conseil a iaffet quil luy en sembloit.**

Dant lēpereur ouyt ces nou-
uelles il eut si grant merueil-
les et dist a iaffet de iaffa qui
luy en donnast conseil Et iaf-
fet luy respondit . Sire vous
auez asses bestes/comme de beufz vaches et
de buffons/faites en escorcher et en faites
saler la chair t en faites adouber les cuiers
et quilz soient bien netz. Et puis les faites
couldre lung a lautre/et faites curer la va-
lee de iosaphat/et puis apres faites appa-
reiller des sommiers pour aporter de leau
du fleuue du diable en la valee de iosaphat
Et quant lempereur eut ouy le conseil de
iaffet il tint a tresbon et fit escourcher des
beufz de vaches et de buffons bien soixan-
te mille/et fit bien saler la chair et adouber
les cuirs t curer la valee de iosaphat Quāt
elle fut bien nette lēpereur dist a iaffet. Jaf
fet pēser de faire venir leau/car ie vo⁹en dō
ne la charge. Et adonc iaffet de iaffa fit ap
pareiller deux mille sommiers qui tous les
iours ne faisoiēt que apporter deau du fleu
ue du diable en la valee de iosaphat/t tant
en apporterent quelle fut toute pleine . Et
elle tenoit leau aussi bien que vne cisterne/t
y estoit leau aussi bonne que celle dune fon-
taine/car dieu le vouloit.

**Quāt pilate t le roy archilaus virēt
que la valee de iosaphat estoyt toute
pleine dau ilz furent tous esbahys.**

T adonc quāt pilate t le roy
archilaus et aussi tous ceulx
de la cite de iherusalem virēt
q̃ la valee de iosaphat si estoit
toute pleine deau ilz en furē
tous esbahys et esmerueillez/et si en enrē
grant paour : et se penserent bien que se a-
uoit este iaffet de iaffa qui lauoit fait faire
et en auoyt donne le conseil . Car il estoy
vng moult fort sage hōme t de grāt conseil

Et adonc pilate fut tout espouête/t moult
se repentoit ql nauoit rendu la cite a lempe
reur et le roy archilaus et barrabâ q auoiêt
dône ce conseil de la rendre vindiêt a pila
te t luy dirent. Sire pilate pourquoy vous
espouuentez vous si fort Se lêpereur t tout
son ost auoit icy demoure sept ans il ne sa
roit auoir ceste cite/ne aussi il ne peut pas si
longuemêt tenir . Et quât iacob ouyt dire
ces parolles il dist a pilate . Sire ie suis fort
esbahi côment vo⁹ poues croire ce quilz di
sent/car sachez certainemêt q nous ne po
uons pas longuemêt tenir/mais ie vo⁹ don
neray bon conseil se vous me voulez croire
Côment dist pilate/quel ôseil voulez vous
dôner. Et iacob luy dist. Sire mâdons a lê
pereur que vous luy rendiez la cite a en fai
re sa voulente/t ainsi ie croy quil aura mer
cy de nous/t pilate luy dist. Tu es excômu
nie/car tu as renoye la loy/et pource toy et
ton ôseil ne deuôs pas croire/car se lempe
reur auoit ceste cite tu te tourneroyes a la
foy pagane/et bien luy en as monstre sem
blant/car tu luy ennuoyas la mauluaise sor
ciere femme du diable/t puis q aisi las fait
ieu prendray la vengence sur toy. Et incon
tinet le fit prendre t enferrer/t le fit mettre
en vne basse fosse dessoubz le grât pilier du
palais Quât iacob fut en celle puson obscu
re reclamoit moult souuent ihûcrist q pour
sa saincte graice ne le laissast illec mourir.
Et tantost marie iacobe sceut que son pere
auoit este mis en puson de par pilate/elle se
mist en oraison/côméca a faire priere a ihû
crist tout puissant et dire en ceste maniere.
Sire dieu plaise toy regarder mô pere ton
amy qui est en puson pour toy affin que les
ennemis ne luy puissent mal faire. Sire di
eu ainsi que tu deliuras les trois êfans du
feu ardant aussi que tu deliures mon pere
de la main de pilate . Et quât elle eut finee
son oraison vng ange du ciel descendit de
dens la puson ou iacob auoit este mys/t le
trouua a genoulx quil prioit ihûcrist et lap

pella par son nom iacob Et quât iacob oyt
celle voix il lieua la teste t vit vne grât clar
te. Parquoy il eut moult grant paour . Et
adonc lange luy dist Jacob naye paour car
ie suis lange de ihûcrist qui par son côman
dement te viens deliurer de puson/car toy
et ta fille lauez fort claime de bon cueur t de
bonne voulente. Adonc iacob dist. Ihûcrist
soit loue car il ne me veult pas encores obli
er. Et lange luy dist . Jacob deliure toy de
celle chaine. Et iacob luy respondit en ceste
maniere . Jay les mains et les piedz liez/et
ne me peuz nullement aider/t incontinent
quil eut dit ce mot toutes les chaines rom
pirent et tomberent en terre. Et adonc lan
ge le print par la main et le mist hors de la
puson et le mena a la garde de lempereur
que oncques personne ne lapperceut t puis
le laissa la et sen ala . Et quant les gens de
lempereur virent iacob es tentes ilz se pen
serent que cestoit vne espie et quil fust venu
pour mal et le prindrent.

Comment gay le sennechal côgneut iacob son hoste et lala embrasser: puis le mena a lempereur.

OR quant gay le sennechal vit
iacob il congneut que cestoit
son hoste . Et tantost le vint
embrasser et baiser et fut fort
ioyeulx de sa venue: et tout
incontinent le mena a lempereur t luy dist
Sire voyci mon hoste de iherusalez/lequel
pour lamour de vous menseigna la bonne
femme veronique qui vous a gueri. Adonc
lempereur fut moult ioyeulx/et luy fit bon
recueil/t tantost luy demanda comment il
auoit ouy dire que pilate lauoit mis en pri
son/t adôc iacob raconta tout a lempereur
côment t pourquoy pilate lauoit fait met
tre en puson/t comment ihûcrist luy auoit
enuoye vng ange du ciel qui lauoit deliure

.E.

de prison et mys hors de la cite de iherusa/
lem. Quant lempereur eut ouy ces parol/
les que luy dist iacob il luy fit moult grant
feste et voulut quil fust de sa court et de son
cõseil auec iaffet:z luy fit faire grãt honeur

Comment lempereur tint son cõseil auecques ses barons: et voulut que iacob en dist premier son opinion.

Antost apres lempereur vou
lut tenir son conseil et fit ve
nir son filz titus z se mirent
en vne part auec iaffet de iaf
fa z iacob/z y auoit trente ba
rons qui estoyent du conseil secret/z lempe
reur parla tout premierement et dist. Sei
gneurs ie vous ay icy assemblez pour don
ner conseil cõment nous ferons de ceste cite
et ie conseille que iacob en dye premier son
oppinion a qui dieu a fait si grant grace q
luy a transmis lange qui la deliure de pri
son et amene icy: et quil nous die de pilate
du roy archilaus et de leurs gens z cõment
ilz se gouuernerent dedãs la cite et quilz di
sent de ce fait. Et adonc iacob commẽca a
dire. Seigneurs ie vous diray verite. Sa
chez que dedens iherusalez a peu de viures
parquoy ilz ne peuuent longuement tenir
et si ont grant paour les gens qui sont de
dens: car ie croy que en toute ceste terre ne
demourera iuif qui ne soit venu en iherusa
lem pour vne feste quil ont tous les ans/et
ilz ne se donnoient point garde de vous ne
de vostre venue/z oncques puis nen yssit de
hors homme ne femme et ilz sen peuent biẽ
aler par aulcun lieu/et pource ie conseille q
nous facons faire de grans fosses tout en/
tour de la cite larges et parfons affin que
nul ne sen puisse saillir hors sans vostre cõ
mandement. Et quant leurs viures si leur
fauldront ilz se rendront voulentiers. Et
sachez que la cite est si bien garnie et si for

te quil est impossible de iamais la prendre:
silz auoient assez a menger:parquoy ie con
seille que nous facons faire les fosses. Et
ces parolles ouyes de lempereur z de ses cõ
seillers ilz dirent tous quil seroit bien fait.
Et tantost lempereur fit crier a son de trõ
pe par tout son ost que tous ceulx qui sauoi
ent faire fosses venissent parler a luy. Et
quant ilz furent tous venus ilz se trouue
rent par nombre cinq mille hõmes. Adonc
lempereur commanda quilz fissent tout en
tour de la cite de iherusalem de grans fos
ses et bien parfonds et commanda a iaffet
de iaffa et a iacob quilz sen alassent veoir la
ou se deuoient faire les fosses/et ilz luy di
rent qui leur pnenoit auoir des gens pour
les garder du trait de ceulx qui estoient en
la cite. Et incontinẽt leur bailla trente mil
le bons archiers auec leurs escuz pour les
garder du trait ainsi que auoyent dit geof
froy de iaffa et iacob.

Comment quant pilate veit que lon faisoit les fosses tout entour de iheru salem il fut moult esbahy.

Quant pilate z le roy archila[us]
virent quilz estoient si fort as
sieges ilz furent moult esba
hys. Adonc le roy archilaus
dist. Ie croy que iaffet z iacob
ont donne celluy conseil a lempereur. Et
pilate dist. Il seroit bon de parler a ioseph
dabarimathie qui est sage cheualier et quil
nous donne conseil car il est parent de iaf
fet et de iacob/z par aduẽture il nous dõne
ra aulcun bon conseil. Adonc pilate fit ve
nir ioseph a son conseil/z cõmenca a dire Io
seph que vous semble il que nous deuons
faire contre lempereur z ses gens qui si fort
nous assiegent. Adonc ioseph luy respon
dit en ceste maniere. Sire bien peu poues
faire/mais ie conseille que demain au ma[tin]

tin tous les cheualiers et archiers soyent
empoint et armes pour aller côtre eulx car
le soleil leur frappera au visage: t ainsi no⁹
les desconfirôs en telle maniere quilz nau-
ront voulente de plus nous assieger. Et a-
donc pylate et le roy archilaus tindrent le
conseil de iosaphat bon t firêt crier par tou
te la cite a heure de vespres q̃ lêdemain fal-
loit quilz fussent tretous armez deuant le
temple de salomon. Et quant vint le lende
main au matin ilz furent tous armez t bié
appareillez : t tous les cheualiers se misrêt
a part et estoyent vingt mille et darchiers
cinquante mille. Et lors pilate cômanda a
ses archiers quilz entrassent en bataille/et
que chescun se mist en ranc. Et adonc pila
te t le roy archilaus gouuernerêt les vingt
mille cheualiers t commencerent a sortir de
la cite. Et tantost vng de ceulx de la garde
de lêpereur qui estoit es fosses le vit yssir et
incontinent monta sur son cheual t sen ala
es tentes et les trouua couches: car encores
nestoit il soleil leue et dist a lêpereur. Sire il
sault de la cite tout vng grant nôbre de gês
armez qui vous viennent combatre.

Comment lempereur enuoya querir
tous ses gensdarmes et leurs dist qlz
auroyent tantost bataille.

R adonc lempereur enuoya
querir son filz titus iaffet t ia
cob t leur dist q̃ tous les gens
de lost fussent armez Et quât
les cheualiers et archiers ouy
rent les nouuelles ilz en eurent moult grât
ioye/et tantost furent prestz et appareillez t
sen allerent deuant lempereur et il leur dist
Nous aurons tantost bataille auecques pi
late et auecques ses gens/et pource mettez
vous en ordonnance pour aller en bataille.
Et quant lêpereur et ses gens furent prestz
et appareillez et bien en point lempereur se

mist deuant et sen allerent a lost de pilate/t
y furent enuiron heure de tierce et nestoyêt
pas encores tous yssus de iherusalem. Et
tantost les batailles furent arrengees t sen
tremellerent lung parmy lautre et se don-
nerent de si grans coups que leurs espees t
escus furent tous rompus et mis en pieces
tellemêt que a la premiere bataille mourut
bien trois mille/tant de cheualiers q̃ de ses
gens/et de ceulx de lempereur huyt cens et
dura la bataille iusques a heure de nonne.
Et apres ceste bataille chescü se retira a son
ost. Et quât ilz eurent vng peu repose ilz se
misrent en bataille comme deuant/et si du
rement se frapperent que de lost de pylate
mourut bien trois cens mille et de lost de lê
pereur sept cens. Et dura la bataille iusqs
a tant q̃ le soleil se voulut coucher. Adôc no
stre saulueur et redempteur ihucrist q̃ vou-
loit que sa mort fust vengee fit vng moult
grât miracle/car quât ilz cuiderent de tou
tes deux battailles partir du champ/et cui-
doient que le soleil se couchst t il fut trouue
en orient par la voulente de dieu/et se leua
comme se feust este au matin et entre soleil
leuât et soleil couchant neut point de nuyt.

Côment quât lêpereur vit celluy be
au miracle incôtinent luy et ses gens
retournerêt frapper sur lost de pilate.

Vant lêpereur et ses gens vi-
rent celluy miracle si beau ilz
en eurent moult grant ioye:
et se penserent bien que dieu
le vouloit : et que encores ne-
stoit pas temps de partir du champ et incô
tinêt retournerêt frapper sur lost de pilate.
Et dura la bataille iusques a leure de my-
dy. Tant quil mourut des gens de pylate
mille deux cens cinquante. Et adonc dune
part t dautre furêt sort eschauffez les vngz
contre les autres t se reprindrent de rechief

comme deuant/ tellement que la bataille
dura iusques au soleil couchant. Et de lost
de pilate mourut mille deux cens cinquan-
te Et fut le nombie en tout tant dune part
que dautre que de la part de pilate en mou
rut quatoize mille/et de la part de lempe-
reur deux mille cinq cens. Et adoncques
lempereur et tous ses gens suyuirent lost
de pilate iusques aux poites de iherusalem
Alois tout le peuple de iherusalez fut tout
trouble/car il y auoit vng homme sur les
murs de la cite qui crioit. Viens viens va-
spasien en iherusalem/et ilz cuidoiet que ce
fust le saint prophete. Adonc fut naure io-
seph dabarimathie dune lance par les cuis-
ses/mais nul dangier de moit ny auoit.

Comment apies que pilate et le roy archilaus furet en iherusalem ilz menerent moult grant dueil.

R quant pilate t le roy archi
laus auecques leurs gens fu
rent entrez en iherusalem ilz
se trouuerent foit lasses : et si
auoient grant dueil de la per
te quilz auoient faite/et tanfost apies se le-
ua si grant cry par toute la cite que oncques
mais nen fut ouy vng tel. Adoncques lem
pereur et ses gens se reculerent vers leurs
tentes/et la se refroichirent/car ilz estoient
foit lasses et auoyent grant fain et grant
soif. Et quant vint le lendemain pilate ne
voulut point retourner en bataille. Et eut
en son conseil quil gardast bien la cite/car il
y auoit asses a faire a la garder. Quant lem
pereur vit que pilate ne sailloit point de la
cite il dist a iaffet et a iacob quilz pesassent
de faire ies fosses. Adoncqs misrent en oeu
ure quinze mille ouuriers/tellement q tan-
tost les euret faitz tout entour de la cite de
iherusalez. Et nul ne pouoit entrer ne issir
si non par le conge de lepereur/car ilz auoy

ent trente piedz de parfond t quinze de lar-
ge. Et quat pilate vit q de iherusalez ne po
uoit riens saillir ne entrer il se desconfoita
moult foit et aussi fit le roy archilaus t les
barons de la cite et tout le peuple crioit t di
soit. Celluy qui tousiours crioit vaspasie
vien en iherusalez/nous disons quil est pio
phete contre nous. Sire pilate mal conseil
euz quant tu ne rendis la cite a la boulen-
te de lempereur. Oi vient maintenant le
temps que celluy homme disoit qui estoyt
au poital de iherusalez. Car tu trouueras
les rues toutes pleines de ges moitz.

Comment pilate eut en son conseil que il fist enterrer tous ces mois en vne grant fosse.

T quant pilate ouyt le cry q
faisoit le peuple il dist au roy
archilaus et a tous ses gens.
q pourrons faire de ces mois
et ilz luy respondirent Sire il
fault q faces faire vne grande fosse ou vo
les feres tous mettre/car il nous sont trop
pies/et auons grant paour que par la pue-
teur deulx quil nous viengne moitalite en
la cite et aussi que facez restridie les viures
car saches que bien peu en ya/et aussi il ya
plus de ving mille homes qui estoyent ve-
nus a la feste que ne pouons pas mettre de
hois/pource est bien mestier que chescu gar
de bien ses viures. Et quant pilate ouyt ce
conseil il tint a bon et comanda a ioseph ql
fist faire a sa guise. Et incontinent ioseph
fit faire vne fosse ou ilz misret to9 ces mois
Et y en auoit en nobie quatoize mille sept
cens. Et apies ce pilate fit restraindie les vi
ures a tous ceulx qui en auoient asses. Et
apies vng peu de temps fut si grant fami-
ne en iherusalem quil ny demouroit nulles
herbes sauluages ql peussent trouuer pour
donner a leurs bestes/et mengerent toutes

les beftes/car ilʒ mouroient de fain. Et mē
gerent chatʒ et ratʒ ou quelque beste que ce
fuft. Car fi grande eftoit la famine q̃ tout
leur eftoit bon. Et adonc y auoit fort grāt
cry par toute la cite car le peuple mouroit
de fain a grant nombre par les rues Et les
portoyent en vne grande foffe hors la ville
et eftoit tel iour quilʒ en trouuoyēt biē cent
foixante. Et adonc pilate fit crier que tou-
tes gens qui nauoient que menger quilʒ en
puffent la ou ilʒ en pourroyent trouuer/et
celluy q̃ plus en pouoit auoir plus en auoit
Et ainfi en peu de temps gafterēt tous les
viures de la cite tant quilʒ ne trouuerēt pl⁹
riens que menger/iufques au dernier quilʒ
alerent ofter tous les cuirs des buffons des
portes de la cite de iherufalem et les firent
cuire ⁊ les mengerent pour la grant fain q̃
ilʒ auoient. Et y eut fi grāt cherte que vng
petit pain valoit foixante befans et vne pō
me fept befans/et vng oignon valoit fept
befans. Et quant tous les viures ⁊ viādes
furent defpendus ⁊ gaftes ilʒ ne peurēt pl⁹
riens trouuer a vendre pour or ne pour ar-
gent. Et de fain mourut grant nombre de
gens. Adonc vne royne qui auoit nom ma
rie laquelle auoit efte fēme du roy dafficiō:
lequel mourut au tēps que noftre faulueur
et redempteur ihūcrift fut mis en la croix/⁊
defpuis ne voulut prendre mary. Et auoit
vne fille et vne autre dame qui eftoit fa cō-
paigne laquelle auoit vng filʒ: et vindrent
en iherufalem et fe conuertirent a la foy de
ihūcrift/et fe firent baptifer et eftoient bien
garnies de viures iufques a tant que pila-
te dift que chefcun prît des viures par tout
ou ilʒ les pourroient trouuer. Adonc tous
leurs viures leurs furent prins/excepte les
herbes du vergier qui eftoyt en leur hoftel:
lefquelles elles mengerent de la grāt fain
quelles auoyent/et fouuentesfois adoroy-
ent ihefucrift. Car elles auoient bonne foy
en luy. Et quant elles eurent mengees tou
tes les herbes de ce vergier la fille de la roy

ne fe trouua fort foible ⁊ fans autre mala-
die mourut de fain. Et adonc la royne ⁊ fa
cōpaigne firent grant dueil et moult fe def
confortoyent/⁊ auoient fi grant fain que a
peine fe pouoient fouftenir. Quant la com
paigne de la royne vit auoir fi grant fain:
elle dift a la royne. Laiffons tout efter et pre
nons mon filʒ et le mettons en quartiers/
puis que nauons que menger ⁊ en roftirōs
vng quartier et en mengerons/et quant la
royne ouyt dire ces parolles a fa cōpaigne
elle tomba en terre comme morte. Et adōc
ques defcendit vng ange du ciel qui la leua
et conforta et luy dift en cefte maniere. Da-
me dieu vous mande que vous menges de
lenfant et fera fa voulente acomplie. Car
il dift le iour des rameaulx quant il monta
fur laneffe en iherufalem que cefte genera-
cion feroit en peftilence de grant fain quilʒ
auroyent que les meres mengeroyēt leurs
enfans et que la cite feroit deftruite en ma-
niere quil ny demoureroit pierre fur pierre
et que le peuple mouroit de fain. Parquoy
dift lange a la royne que dieu le vouloit q̃
par elle fa voulente fuft acomplie. Et adōc
ques lange fe partit de la royne/et les da-
mes demourerēt plourant et pundrent len
fant et en leuerent vng quartier auecques
lefpaule et le mifrent rouftir: et en yffoit fi
grant odeur que merueilles.

Comment pylate enuoya querir du roft quil auoit fenty en paffant par-my la rue.

Pilate adoncq̃s et le roy archi
laus aloyent par les rues en
confeillant quil deuoiēt faire
Et quāt ilʒ furent deuant lo
ftel de la royne pilate fentit fi
bonne odeur de celluy roft que merueilles:⁊
en eut grant enuie/⁊ dift a deux de fes ferui
teurs. Alles veoir ou ce faict ceft roft ⁊ dites

B.iij.

a ceulx a qui il est quilz men'enuoyent/car
oncques de chose du monde neuz si grãt en
uie que iay de celle. Et adõc les deux serui
teurs sen allerent a lostel de la royne t frap
perent a la porte et on leur ouurit. Quant
ilz furent dedens ilz saluerent les dames t
leur dirent. Monseigneur pilate vo°man
de que vous luy enuoyez de voftre rost/car
iamais de riens neut si grãt enuie. Adonc
la cõpaigne de la royne leur respõdit. Par
dieu amys voulentiers luy enuoyerõs. Et
adonc la royne print les trois quartiers de
lenfant qui estoient demoures et print vng
cousteau et leur dist. Tenes bien de lautre
part t ie vous en bailleray et luy porteres t
quil le face rostir a son plaisir. Et quant les
seruiteurs virent celluy enfant ainsi despe
cer pour enuoyer a pilate ilz en eurent si
tresgrãt paour a peu que nen saillirẽt hors
de leur sens/et sen retournerent moult es
pouentez et esbahis deuant pilate. Quant
pilate les vit il leur demanda/comment ve
nez vous ainsi esbahis ne pourquoy faites
vous si mauluaise chiere ne mapportes vo°
pas du rost. Et les seruiteurs luy respondi
rẽt. Sire saches que vne dame a despece son
enfant et en a fait rostir vng quartier/et el
le vous en enuoye vng quartier/et que le ro
sticez a voftre plaisir. Et quant pilate le vit
il en eut si grant paour que merueilles/t de
courroux sen ala en son palais/et du grant
dueil quil en auoit se mist sur son lict : dont
il ne prtit de trois iours. Les dames demou
rerent en leurs hostelz plourãt t gemissent
de leur enfant pour la grant fain quelles a
noient commencerent a en menger ainsi q
dieu leur auoit mande par lange et demon
stre que ainsi se deuoit faire/comme dieu la
uoit dit de sa bouche. Et quant elles eurẽt
menge celluy enfant elles mengerẽt apres
la fille de la royne. Et quant la royne com
menca a mẽger de sa fille elle en eut si grãt
douleur que toute psonne qui la veoit t lou
yoit crier en auoit moult grant pitie.

Cõment pilate se leua de son lit tout desconforte et sen ala tenir son conseil auecques les barons.

Dant pilate eut demoure.iij.
iours en son lit tout courrou
ce et desconforte il se leua et
sen ala au temple de salomõ
et fit venir tous les barons t
cheualiers t en plourãt leur dist Seigneurs
ie ne voy ne ie ne congnois en nulle manie
re que nous puissions prendre conseil cõtre
lempereur:car il nous a fort destruitz de vi
ures/et aussi grant meschief est aduenu en
ceste cite. Car les meres ont menge leurs
enfans par la grant fain quelles auoient t
ie veulx donner conseil que nous rendons
la cite a lempereur/t sil nous veult destrui
re qil nous destruire/car iayme mieulx mou
rir que tout le peuple de la cite mourist Et
aussi lempereur scet bien que nul nya coul
pe que moy/t pource ie croy bien quil aura
mercy de vous aultres. Et quant les iuifz
ouyrent les parolles de pilate ilz furẽt fort
doulens t courrouce./t cõmencerent a dire.
he dieu que ferons nous beaulx seigneurs.
Et adonc le pleur et le cry fut si tresgrant
en la cite q onquesmais nẽ fut veu ne ouy
vng pareil/car de lost de lempereur les po
uoit on ouyr/et il en mouroit bien tous les
iours quatre cens de fain. Et derechief dist
pilate que ce quil auoit dit fust fait.

Comment pylate et le roy archilaus mandrẽt a lempereur quilz vouloy ent parler a luy.

Ilate adonc et le roy archila°
et cinq mille cheualiers man
drẽt a lempereur quilz voul
loyent parler a luy a fiance.
Et tantost lempereur auec

saffet + iacob + bie dix mille cheualiers vin/
drent la ou estoit pilate/et pilate comenca a
parler a lempereur son seigneur/et luy dist
en ceste maniere. Seigneur ayes mercy de
moy et de cestuy peuple sil te plaist/et prens
la cite et tout ce qui est dedens et nous lais/
se aler a nostre aduenture. Lors lempereur
luy respondit. Se tu me veulx rendre la cite
et tous ceulx qui sont dedens a ma voulen/
te et non aultremet/car de nul nauray y mer
cy nemplus que vous eustes de ihesucrist.

Coment le roy archilaus pla a lepe/reur et le pria quil eust mercy de luy.

Donc le roy archilaus dist a
lempereur. Je suis filz au roy
herodes voltre amy qui estoit
roy de galilee/+ quant il mou
rut ie fus roy/plaise vous me
prendre a mercy. Car moy ne mon pere ne
fismes iamais riens contre vous ne oncqs
ne consentismes a la mort de ihucrist. et mo
pere estoit bien amy du voltre. Et lepereur
luy respodit. Es tu filz du roy herodes qui
fit la persecution des enfans pour vouloir
occire ihucrist en son enfance. Home qui na
mercy ne doit poit auoir mercy. Ton pere
affin quil peust occire le sait prophete occist
tous les enfans ql peut trouuer en son roy
aulme audessoubz de leage de deux ans Et
iamais rachel ne peut auoir mercy/+ occist
cent soixante + quatre mille. Parquoy poit
nauray mercy te toy/mais porteras le iniq
te de ton pere. Et quant le roy archilaus si
ouyt ces parolles il fut tellement courrou/
ce que a peu quil nenragea. Et descendit de
sur son cheual + se desarma et puis tira son
espee + dist a lempereur en ceste maniere. Ja
dieu le grant ne vueille que nul home paye
se puisse vanter de ma mort. Et adonc put
la pointe de son espee et la mist encotre son
ventre et la bouta si tresfort quelle luy pas

sa bien vng demy pie dehors de son corps/+
incontinent tomba es fosses tout mort.

Quat pilate + ceulx de iherusalez vi rent que le roy archilaus se fut tue ilz furent moult espouentez et esbahyz.

R quant pilate et ses gens vi
rent le roy archilaus mort ilz
furent si doulens que plus ne
pouoient et sen retournerent
en la cite + compteret la respo
ce de lepereur et la mort du roy archilaus a
tout le peuple. Et tantost q le peuple les ou
yt parler de mal talat comeceret a destirer
leurs robes + a se aracher les cheueulx de la
teste/+ menoyent si tresgrant dueil + si tres
grant cry que oncquesmais despuis le com
mencemet du mode ne fut veu ne ouy par
ler dung tel/et toute psonne qui louyoit en
estoit tout espouetee + de pitie en fremissoit
Et quat vint ledemain au matin pilate fit
venir ioseph dabarimathie + tout le peuple
et leur dist. Seigneurs vous voyez bien que
ne pouos plus tenir/+ dieu no9 a oblies/car
iamais cite ne fut en si grande tribulation
ne peuple si mal mene que no9 autres som
mes/car no9 nauos que menger + mourrons
tous de fain/que me coseillez vo9 que nous
facons. Sire dist ioseph. Je nescay quel con
seil no9 vous pourrions doner. Car lempe
reur ne vous veult predre a mercy/+ fol co/
seil vo9 dona celluy qui vo9 2seilla que vous
fussies ennemy de lempereur/car vo9 poues
bien sauoir que contre luy ne poues pas lo
guement tenir. Et adoc pilate se prit a dire
Je nescay autre chose q no9 facios fors q en
ceste cite a grans tresors dor et dargent + de
pierres precieuses + lempereur + ses ges les
cuidet to9 auoir. Je coseille ql ne ayet riens
il nous fera bien lieu + proffit/cestassauoir q
nous preignons tout lor + largent + les pier
res precieuses + q nous les facions mouldre

en mortiers de cuiure et les menger p̃ faul-
te de viures et passerons le téps au mieulx
que nous pourrons. Au moins quant lem-
pereur prédra ceste cite ilz ny trouuera nulz
tresors. Et autant de mercy aurons nous
sans tresors comme auec tresors.

Comment ceulx de iherusalem pour la grant force de la faim quilz auoient mengerent leurs tresors.

Dant pilate euf dóne ce p̃seil
ilz tindrét tout a bon/t adonc
sen alerent chescun en son ho-
stel et prindrent leurs tresors
or et argent et pierres precieu-
ses et le moulurent tout ainsi que pylate
leur auoit conseille/et ceulx qui en auoyent
bié largement en donnoient a ceulx qui en
auoyent peu. Et de celluy tresor vesquirét
vingt et deux iours. Et quát leurs tresors
furent tous menges ilz vindrent deuant pi-
late et luy dirent ce que vous nous auez có-
seille auons fait et auons mengez et gastez
tous noz tresors: que pourrons nous plus
faire dicy en auant. Et adoncq̃s pilate fut
moult desconforte t commenca fort a plou-
rer deuant tout le peuple et leur dist. Sei-
gneurs vous mauez fait seigneur t gouuer-
neur de vous tous et de toute la cite/mais
dicy en auant ne vous peux plus gouuer-
ner. Parquoy me pardóner sil vous plaist.
Et aussi se iay fait aulcun desplaisir a aul-
cun tant au grant que au petit/icy presen-
tement et de bon cueur et de bonne voulen-
te vous en requiers pardon. Et quant les
iuifz ouyrent les parolles de pilate ilz fu-
rent moult desconfortez/et ny auoit ne pe-
tit ne grant qui ne plourast. Et ne luy po-
uoient mot dire/mais se desconfortoyét có-
me silz eussent este a la mort. Et a haulte
voix crioyent et disoient. Seigneurs met-
tons nous a la voulente du grant dieu: et

nous rendons a lempereur/et face de nous
a sa voulente/et mieulx nous vault que se
nous mourions ainsi de faim. Et par adué-
ture dieu mettra au courage de lempereur
vaspasié q̃l aura mercy de no° sil luy plaist.

OT apres ce pilate et ses gens yssirét
hors de la cite et allerent sur les fos-
ses que auoit fait faire lépereur t titus qui
estoit nouueau épereur les vit et ala a eulx
et ses gens cheuaucherét sur les fosses. Et
quát pilate le vit venir auec ses cheualiers
et quil fut pres il congneut aux armes qui
estoyent signees de laigle t a son grant che-
ual/et luy dist. Seigneur titus empereur
nous vous prions et supplions que il vous
plaise dire a lempereur vostre pere quil ayt
mercy de no° et misericorde de ce poure peu-
ple qui en plourant vous en supplie t requi-
ert. He seigneur ne vueillez regarder nostre
iniquite/mais sil vous plaist regarder vo-
stre haulte et noble seigneurie.

Cóment titus mäda a lépereur son pere q̃ pilate luy vouloit rédre la cite.

R quát titus ouyt ainsi par-
ler pilate et ses gens inconti-
nent le manda par deux che-
ualiers a lempereur son pere
Et incontinent que lépereur
en sceut les nouuelles il manda a tous ses
cheualiers t les fit armer:t pareillemét luy
mesmes sarma de ses meilleurs armes/t se
en ala auec ses gens la ou son filz titus lat-
tendoit aupres des fosses/et pilate estoit de
lautre part auec ses gens/t adonc titus có-
méca a dire a lempereur son pere. Sire voi-
cy pilate qui est content devous rendre la ci-
re/mais que le vueilles prendre a mercy.

Comment lempereur parla a pilate et luy dist quil nauroit mercy de luy nemplus quil auoit eu de ihũcrist.

Donc lempereur dist a son
fil3 titus. Il nest pas mainte-
nant temps quil le die/mais
pource q̃l ne peut plus tenir
il le dit. Alors dist lempereur
a pilate. Se tu me veulx rēdre la cite τ tous
ceulx qui sont dedens a en faire a ma vou-
lente ie suis tout prest de la prendre. Et si te
dy bien que aussi peu auray ie mercy de toy
ne de nul qui soit dedens la cite comme vo⁹
eustes mercy de ihesucrist quant tu le iuge-
as a mort a grant tort et sans cause et le fi-
stes mourir en la croix/τ saches que sa mort
sera vengee sur vous aultres/car vous ne
eustes oncques mercy de luy/ne aussi peu le
autres vous de moy.

Et quant pilate ouyt les parolles q̃
luy dist lēpereur il en fut moult dou-
lent et esbahy/et si fut pareillement tout le
peuple/et ne pouoyent plus autre chose fai-
re/mais commencerent a dire. Sire empe-
reur prenez voftre cite et tout le peuple qui
est dedens et en faites a voftre plaisir τ vou-
lente comme seigneur et maistre.

Coment lempereur fit cōbler les fof-
ses τ ētra dedēs la cite τ fit fermer les
portes et fit prendre tous les iuif3: et
en trouuerēt.lxxij.mille.vi.cens.

Et adonc lempereur fit com-
bler les fosses quil auoyt fait
faire. Et quant il3 furent cō-
bles il ennoya son fil3 tit⁹/iaf-
fet et iacob τ quinze mille che-
ualiers dedens la cite/et tantoft quil3 furēt
dedens il3 fermerent les portes affin q̃ per-
sonne ne sen yssist. Et adonc iaffet et iacob
firent prendre tous les iuif3 et iuifues/τ les
firent estroictement lyer. Et en trouuerent
par compte fait tant dommes que de fem-
mes septente deux mille six cens.Et quant
il3 les eurent tres bien lyez et estachez il3 ou-

urirent toutes les portes de la cite. Adonc
lempereur et tout loft qui gardoiēt entour
les murs que nul nyssist hors entrerent de-
dens la cite/et sen alerent tout droit deuāt
le temple de salomon/et la rendirent gra-
ces et louange a dieu de ce quil leur auoyt
donne victoire sur leurs ennemis et sur la
cite/et la seiournerent τ demourerent asses
longuement/et illec pouoient venir toutes
manieres de gēs/excepte les iuif3/τ faisoiēt
venir viures a grāt abōdāce de toutes pars

Coment lempereur fit vendre tous
les iuif3: et en fit donner trente pour
vng denir: ainsi comme il3 acheterēt
ihesucrist trente deniers.

Et quant lempereur vit quil
tenoit tant de iuif3 prins τ q̃l
en pouoit faire a sa voulente
il dist a ses barōs Seigneurs
puis que ihūcrist nous a fait
tant de grace quil nous a donne victoire ie
vēgeray sa mort/τ vo⁹ vendre tous les iuif3
Et ainsi q̃l3 acheterēt ihūcrist trente deni-
ers:aussi ien vueil dōner.xxx.pour vng de-
nier. Et tantoft fit crier que tout homme
qui vouldroit acheter des iuif3 quil venist a
celluy qui estoit commis de par lempereur
pour les vendre/et quil en donneroit trente
pour vng denier.Et establit quinze cheua-
liers pour les vendre/et ordonna que il3 en
donnassent trente pour vng denier/τ quil3
en fissent du tout a leur plaisir et voulente
Et tantoft apres que la crye fut faite il vit
vng cheualier deuant lempereur qui luy
dist quil en vouloit auoir vne denree/τ lem-
pereur luy en fit donner trente pour vng
denier. Et incontinēt il les mena en son lo-
gis et print son espee et en bailla par le ven-
tre dung si rudemēt quil la luy passa toute
oultre/et le iuif tomba tout mort/τ le cheua-
lier tira son espee du corps de celluy iuif: et

nen saillit gotte de sang/mais en yssit vng
russel cōme dor ↄ dargēt/ↄ dequoy le cheua-
lier en euf grāt merueille et puis apres prit
vng autre ↄ luy dist Je veulx que tu me dies
que signifie ce q̃ ce iuif gette le sang en sem-
blance dor ↄ dargent. Seigneurs dist le iuif
sil vous plaist me prendre a mercy/ↄ que ne
me faces mourir ie vous en diray la verite.
Je te asseure dist le cheualier se me dis la pu
re verite que tu ne mourras point. Adonc
il cōmenca a dire Pilate nous a fait mēger
nostre or ↄ nostre argēt ↄ toute la richesse de
la cite/affin q̃ lempereur ↄ ses gens ny trou
uassent riens/ↄ q̃l nē fussent plus riches Et
ainsi auōs vescu long tēps ↄ nauions nulle
autre chose q̃ menger. Et quāt le cheualier
ouyt les polles du iuif il en fut tout esmer-
ueille ↄ appella deux de ses escuiers ↄ cōmā
da que ces vingt et huyt iuifʒ qui estoyent
demoures de la denree eussent tous la teste
couppee. Et quant il eurent la teste coup-
pee il les fit fendre par le ventre ↄ tirer le tre
sor de dedens/ↄ puis fit getter les corps par
les rues/ↄ tantost fut sceu. Adonc les gens
de lēpereur en voulurēt auoir chescun vne
denree pour en faire a leur voulente.

Cōment iaffet ↄ iacob dirēt a lempe
reur q̃l y auoit hōme entre les iuifʒ le
quel auoit descēdu ihūcrist d̃ la croix.

Vant iaffet et iacob sceurent
que tous les iuifʒ se vendoy-
ent aux cheualiers de lempe-
reur ↄ les tuoyent pour lor et
pour largēt quilz auoiēt mē
ge ilz dirent a lēpereur. Sire entre les iuifʒ
doit auoir aulcuns amys de ihūcrist/car il
y doit estre ioseph dabarimathie qui descen
dit ihūcrist de la croix ↄ le mist en son sepul-
chre/ↄ nycodemus estoit auec luy ↄ aussi sire
y doit estre vne royne daffriq̃ auec sa fille ↄ
la cōpaigne lesquelles croyent bien en ihū-

crist/ↄ sil vous plaist sire vous aures mercy
deulx/car oncques ne furēt consentās de la
mort. Adonc lempereur dist a iaffet et a ia-
cob. Voyes se les trouueres et les faites ve
nir deuant moy. Tantost iaffet et iacob re
garderent parmy les iuifʒ qui estoient pris
et ne trouuerent que ioseph dabarimathie
Puis sen alerēt a lostel de la royne/car sou
uent auoient eu consolation auec elles/ↄ la
les trouuerēt mortes. Et adonc sen retour
nerent deuers lempereur. Et quant lempe
reur vit ioseph dabarimathie il luy deman
da sil estoit celluy qui auoit descendu le pre
cieux corps de ihūcrist de la croix. Et io
seph dabarimathie luy respondit que ouy.
Et lēpereur le print a mercy pour lamour
de iaffet ↄ de iacob. Et quant lempereur vit
que les iuifʒ estoyent presques tous vēdus
il demanda aux cheualiers quantes den-
rees il en y auoit encores a vendre/et ilz luy
respondirent que tous estoyent vendus/ex
cepte tant seulement six denrees. Adoncq̃s
fut fait si grant destruction ↄ si grant mur
tre de iuifʒ en iherusalem quon ne pouoit
aler par les rues ne par la cite si nō par des-
sus les mortʒ. Mauluais fut le conseil que
leur donna pilate de menger leurs tresors:
car se point ne les eussent mengeʒ il en fust
asses demoure qui ne fussent pas mortʒ: et
pource quilz auoient mengeʒ leurs tresors
on en fit mourir bien septēte mille quattre
cens cinquante pour auoir leurs tresors q̃
ilz auoyent en leurs ventres.

Cōment aprs la destruction des iuifʒ
les corps furēt portes ētour les murs
puis les abatirēt dessus ces corps qui
ny demoura pierre sur pierre.

T quant la destruction des
iuifʒ fut faite lēpereur fit por
ter les corps entour les murs
de la cite. Et puis fit abattre

les murs deffus ces corps quil ny demoura
pierre fur pierre: et fit abatre to°les hoftelz
de iherufalem/fors le temple de falomon t
la tour de fyon qui eftoit dedés car dieu ne
vouloit pas quelle fuft abatue ne deftruite
Adonc fut acompli ce que dieu auoit dit le
iour des rameaulx quant il plouroit fur la
cite de iherufalé. Mais titus nouueau em
pereur auát quilz abatiffent les hoftelz fen
ala par la cite t fit prendre tout ce qui eftoit
dedens/fors que ilz ny trouuerent point de
trefors/car les iuifz les auoient tous men-
gez/mais mal leur en print car ilz furét to°
occis/fors fix denrees que fit retenir lempe
reur t iofeph dabarimathie/et celluy qui re
uela il print a mercy. Et apres quilz eurent
tout fait t quilz voulurent penfer deulx en
retourner a romme lempereur dift a iaffet:
a iacob t a iofeph dabarimathie quilz le me
naffent la ou auoit efte crucifie ihúcrift et a
tous les lieux ou il auoit fait miracles/t ai
fi le firent/et en tous ces lieux lempereur et
fes gens a moult grant honneur t reueren
ce adorerent ihefucrift.

Quát lempereur fen vouloit retour-
ner a rôme il fit apprefter trois nefz t
en chefcune fit mettre deur denrees de
iuifz fans viures t les mift fur mer.

pres toutes ces chofes lempe
reur fen voulut retourner a
rôme auec fes gens t fit pren
dre pilate t fix dérees de iuifz
et les fit eftacher et amener a
acre/t la fit appareiller trois nefz t en chef
cune fit mettre deux denrees de iuifz fás vi
ures quelconques et auec dautres bateaux
les fit conduire bien parfond en la mer/t la
lieuerent les voilles et les lafferent aller a
lauenture la ou a dieu plaifoit a perir ou a
eulx fauluer/mais dieu ne voulut point qlz
periffent/mais voulut que il en demouraft

en terre en remembrance de fa mort t paffi-
on. Lune des nefz vint arriuer a nerbonne.
Lautre a bourdeulx/et lautre en engleter-
re/et difent que dieu le faifoit par miracles
affin que toufiours fuft remembrance de fa
precieufe mort et paffion.

¶Cômét apres ces chofes lempereur fit
appareiller fes galees pour fen retourner
a rôme et les fit bien garnir de viures.

T aps toutes ces chofes lempereur
fit appareiller toutes fes galees et
les fit bien garnir de viures t de toutes au
tres chofes a eulx neceffaires/t fe mift es di
tes nefz auec fes gens et auec iaffet et iacob
et fe partirent et dieu leur donna fi bon vét
quilz vindrent arriuer au port de barlete: t
de la vindrent a romme fains et faulues.
Et quant faint clemét lapoftole feeut que
lempereur venoit il alla au deuant auecqs
moult belle proceffion de gens que il auoit
conuertiz a la foy de ihúcrift/et incontinét
que lempereur le vit venir il ala audeuát
deulx auec celle belle proceffion il defcendit
de fon cheual et le baifa/et auffi fit tit° fon
filz/et adonc eut moult grant ioye et grát
fefte a romme a la venue de lempereur t de
fes gens qui auoyent vengee la mort de ihe
fucrift. Et apres faint clemét lapoftole pref
cha tous les iours la foy de ihefucrift et lé-
pereur lefcoutoit moult voulentiers.

Comment tantoft apres les fermós
faint clement lapoftole dift a lempe-
reur quil fe fift baptifer.

R puis aps q faint clemét la
poftole eut prefche lefpace de
fept iours il dift a lempereur
Sire puis q dieu vo° a fait fi
grát grace ql vous a dóne vi
ctoire fur voz ennemis ie vo°prie q ce conue
nant que maues promis que le tenes ioyeu
fement et de bon cueur. Et adoucqs lempe

rent luy dist. Quel con uenant est ce . Sire
dist saint clement que vous vous faces ba-
ptiser/car ainsi le deuez faire . et lempereur
luy respondit ie le feray voulentiers/mais
que facez appareilles les fons.Et adoncqs
saint clement lapostole sen partit de lempe
reur et sen alla louer dieu/z a toute diligen
ce fit appareiller les fons pour baptiser/et
au bout de trois iours il baptisa lempereur
ou nom du pere et du filz z du saint esperit.
Et ne luy mua point son nom.Apres bap-
tisa son filz titus et gay son sennechal . Et
puis apres iaffet et iacob et ioseph dabari-
mathie/et aussi tous ses barons et cheuali-
ers. Et quant le peuple vit que tous ses ba-
rons et cheualiers furent baptisez ilz dirẽt
a saint clement. Sire baptisez nous z nous
enseignes la loy de ihesucrist.

Cõment quãt saint clemẽt lapostole
vit que tout le peuple se vouloit bap-
tiser il en eut grãt ioye z en rendit gra
ces a dieu et fit remplir les fons deau.

R quãt saint clement vit que
tout le peuple se vouloit bap-
tiser de bon gre z de bõne vou
lente/il en eut moult grande
ioye et en rendit graces et lo-
nenges a nostre saulueur z redempteur ihũ
crist z fit emplir les fons z y fit mettre plus
de cent tonneaulx deau: puis les benist z sã
ctifia z dist au peuple. Seigneurs entrer de
dens ou nom du pere z du filz z du sait espe-
rit z seres tous baptisez . Et adonc chescun
le fit voulentiers/z puis saint clement dist
aux autres.Seigneurs sil ya aulcun de vo⁹
qui ait aulcune maladie tãtost qui sera ba-
ptise il sera sain et guery.

¶ Comment apres ce que les grãs mira-
cles furent faitz lempereur fit destruire z cõ
fondre tous les temples des ydoles/z puis
donna conge a ses gensdarmes/et que ilz

sen allassent en leurs terres.

T quant tout le peuple vit les grãs
miracles il ne demoura psonne a rõ
me que tous ne se fissent baptiser. Et puis
apres ilz destruirent et confondirent tous
les temples des ydoles/tant que nulle per-
sonne ne les adora plus Et puis apres lem
pereur donna congie a ses gensdarmes ou
il y auoit roys/ducz/contes/barons/cheua-
liers/escuiers/et tout chescun sen ala en sa
terre.Et voulurent sauoir et auoir la crea
ce z aussi la foy de nostre saulueur et redem
pteur ihũcrist par escript.Et saint clement
lapostole leur bailla Credo in deum patrẽ
omnipotentem creatorem celi et terre. z ce-
tera.Et quant ilz furent en leurs terres ilz
firent baptisez tous leurs gens/z adoncqs
creut moult fort la crestiente.

Cõmẽt aps ce q̃ lempereur eut ouy
la messe de saint clement lapostole il
sen ala z mãda les senateurs d̃ rõme

Pres toutes ces choses vng
iour bien matin lempereur z
son filz titus sen allerent a la
messe de saint clement lapo-
stole/et quãt ilz eurent ouy la
messe ilz alerent au palais/et la lempereur
manda querir les senateurs de rõme z leur
cõmanda quilz iugeassent pilate selon son
forfait z selon loffence quil auoit faite/et a-
donc les senateurs de romme tindrent leur
conseil et voulurent sauoir le fait de pilate.
Et quant les senateurs si eurent tenu leur
conseil ilz vindrent a lempereur et luy di-
rent en ceste maniere.Sire nous congnois-
sons que pilate selon son forfait z selon son
offense doit prendre mort/mais sire vostre
noble pere iulius cesar establit que tous les
hommes qui estoient hors de romme et de
lempire qui auoient forfait a lempereur de
uoient estre iusticies par la iustice de viene.

Es senateurs adõc de rõme
iugerent pilate a mourir par
la iustice de viẽne en la mani
ere q̃ sensuit/cestassauoir que
les iusticiers fissẽt faire en la
place de vienne vng pilier de trois toises de
hault par dessus terre/ꝫ que au plus hault
de celluy pilier ait vne verge de fer de la lõ
gueur dune toise de hault. Et q̃ a icelle soit
pilate tres bien lie et estache ꝫ q̃l soit en piez
et puis apꝛs quon le mette tout nud/ꝫ quon
loigne de miel et duylle/et quon escripue et
le mette sur la teste. Celluy est pilate qui iu
gea ihũcrist ꝫ regnya lẽpereur son seigneur
et q̃l tiegne le visage vers le soleil leuãt/et
quãt il aura illec demoure depuis tierce ius
ques a vespres quon le descende ꝫ quon luy
oste vne oreille. ꝫ puis quon le mette en pꝛi
son/ꝫ quon luy donne asses a boire ꝫ a men
ger/ꝫ quon ne lestraigne pas fort affin quil
puisse souffrir ꝫ porter la peine vingt deux
iours ainsi quilz vesquirẽt luy ꝫ tous ceulx
therusalẽ de leurs tresoꝛs.xxij.iours/ꝫ quõ
luy pende laureille en tel lieu ou il la puisse
veoir. Le lendemain ensuyuant quon luy
face bien dõner a disner/ꝫ puis quõ luy oste
lautre aureille/ꝫ quon la mette empꝛes lau
tre.Le tiers iour quon luy dõne asses a boi
re ꝫ a menger/ꝫ quon luy oste vne main. Le
cinquiesme iour quõ luy oste vne courroye
Du coul iusꝗs aux cuisses. Le sixiesme iour
quon luy lieue vne autre courroye. Le sep
tiesme iour quon luy en lieue vne autre au
trauers du coul. Le huytiesme iour quõ luy
lieue la solle du pie. Le neufiesme iour que
on luy lieue vne autre courroye deuãt ꝫ der
riere affin q̃l porte la croix cõme il la fit poꝛ

ter a nostre saulueur ꝫ redẽpteur ihũcrist Le
dixiesme quõ luy rõpe vne espaule. Le vnzi
esme iour quõ luy couppe vng bꝛas. Le dou
ziesme iour quon luy lieue la solle de lautre
pie. Le treziesme iour quon luy couppe lau
tre des bꝛas/ꝫ semblera a ganache. Le qua
torriesme iour quõ luy arrache toute la bar
be.Le quiziesme iour quon luy ostebng des
piedꝫ. Le seziesme iour quon luy oste lautre
pied. Le dixseptiesme iour quon luy rompe
lune des cuisses. Le dixhuytiesme iour quõ
luy rompe lautre cuisse: ainsi cõme il les fit
rompꝛe aux deux larrõs qui furent pendus
auec ihũcrist. Le dixneufuiesme iour quon
luy oste la langue de la bouche. Le vingties
me iour quon luy rompe tout le corps ꝫ toꝰ
les mẽbꝛes. Le vingt et vngiesme iour que
lon luy couppe la teste. Et puis apres quon
amasse tous ses membꝛes/et quilꝫ soyent
mys sur le pilier affin quil en soit memoire
Le vingt et deuxiesme iour quon le bꝛusle ꝫ
mette en cendꝛe et quon gette la cendꝛe au
rosne. Et ainsi mourra de male et cruelle
moꝛt/et bien la desserui/car il a este traistre
au saulueur ꝫ redempteur de tout le monde
ihesucrist et a lempereur son seigneur a qui
il a tant fait tuer de gens.

Comment lempereur vaspasien en-uoya pilate par dix de ses cheualiers a vienne pour le iusticier.

Dant lẽpereur ouyt que les
senateurs auoient ainsi inge
pilate a moꝛt il cõmanda a.x
de ses cheualiers quilꝫ le gar
dassent bien:car il conuenoit
quilz le menassent a viẽne pour le iusticier
de par luy. Et leur fit faire vnes lettres
sellees pour poꝛter aux iusticiers. Et la sen
tence de pylate donnee par les senateurs
de romme. Et que ilz en fissent lexcution.
Et adoncques les cheualiers qui estoyent

commis pour mener pylate le prindrent/et
si le menerent a vienne aux iusticiers/t por
terent les lettres sellees et la sentence de py
late.Quant les bourgeoys de vienne ouyrēt
dire quilz estoit venu de cheualiers de par lē
pereur ilz en eurent moult grāt ioye/t leur
firent grant honneur et grant feste/et tan
tost les cheualiers bailleret aux iusticiers les
lettres et pilate et sa sentence dōnee par les
senateurs de romme/ et firent leur messa/
ge/et dirent des nouuelles de romme t aus/
si de iherusalem.

Commēt apres que les iusticiers de
vienne eurent visite et leu les lettres
et la sentence de pylate ilz firent faire
tantost vng pilier pour le iusticier.

Donc que les iusticiers eurēt
veu t leu les lettres de lempe/
reur t la sentence de pilate ilz
firent faire vne chaire et le si
rent seoir dedens/et la estoyt
bien a son aise/mais il ne se pouoit bouger:
et le misrēt en vng puis asses pres de leau t
luy donnoyent asses a boire t a miger: t de
moura la insõs a tant qlz eurent fait faire
vng pilier en la place de viēne ou ilz le vou
loiēt iusticier.Les cheualiers de lē perrur ql
lauoiēt amene a vienne dirent qlz ne sen re
tournerioēt poit iusques a tant qlz en eus
sent veu la iustice.Et les seigneurs t bour
geois de vienne en furēt bien ioyeulx:t sou
uent leurs donnoyent a disner t leur faisoi
ent grant honneur et grant feste.Et quāt
le pilier fut fait il estoit enuiron heure de
vespres/et le lendemain on deuoit mettre
pilate ou pilier.Adoncques les iusticiers le
firent tirer du puis/et fut tant change par
le visage quil ne sembloit pas auoir visa/
ge dhomme/mais de diable.Alors ilz le si
rent mettre en vne tour qui estoit sur le pōt
de vienne de la riuiere du rosne/laquelle es

toit moult forte et estoit a trois estages/et
au premier estage misrent des gens armez
et au second ilz misrent pilate.Et a celluy
du hault ilz misrent pareillement des gens
armez pour le garder.Et quant vint le len
demain a heure de tierce les iusticiers sen
alerent en la tour pour mener pilate au pi
lier/et disrent a ceulx quil le gardoient quil
la menassent.Et adōc tout le peuple estoit
sur le pont attendant a veoir quelle iustice
il seroit faite de luy Et quant les gardes le
vouloient prendre et le mettre dehors pour
le iusticier tout entour de la tour et aux cre
neaulx auoit si grande multitude de dia
bles qui crioyent il est nostre que cestoit hor
rible chose et merueilleuse.Et adoncques
toute la tour trembla tellement que tous
les iusticiers et cheualiers/les gardes t to⁹
ceulx qui estoient dedēs la tour sen fuyrēt
dehors et sen alerent sur le pont.Et quant
ilz furent sur le pont ilz virent tant de dya
bles sur les creneaulx que cestoit vne chose
merueilleuse t horrible.Et ny auoit celluy
qui neust moult grant paour/et virent que
la tour sen entroit au rosne/et si fondoit en
abisme.Et lors les iusticiers et les cheuali
ers/les bourgeoys/et tous ceulx qui estoy
ent deuant la tour furent fort espouentes:
et de ce sesmerueillerent moult.Et apres
voulurēt esprouuer se la tour estoit entree
guires parfont au rosne:et dirent aux pes
cheurs.Il fault q vous alez auec vng baste
au t de cordes la ou la tour sen est entree sa
uoir selle est entree guires parfond en leau

Cōmēt les pescheurs laisserent aller
bien quatre cens toises de cordes esql/
les auoyent estache vng basteau par
vng des boutz t tout entra dedēs.

T quāt les pescheurs virēt q
leau tournoit tousiours ilz di
rēt q poit ny entreroiēt q pre

mier neussent essaye sil y auoit peril ou nõ.
Et adonc ilz prindrent vng bateau et bien
quatre cens toises de cordes quilz auoyent
appareillees et si estacherent le bateau par
lung des boutz de la corde et puis sen mons
terét sur le pont au droit de la ou tournoit
leau et laisserent aler la corde auec le bates
au tant que tout fut entre dedens fors q̃ le
bout de la corde quilz tenoyent ou ilz esta=
cherent vng grant tonneau plein de liege :
puis le laisserent aler et tout sen entra de=
dens le bateau cordes et tonneau la dedẽs
ou estoit fondue la tour. Et ainsi mourut
pilate . Ne oncques puis on nen trouua ri=
ens de luy du bateau ne des cordes ne du
tonneau plein de liege Et encores y tourne
leau. Et le pilier ou il deuoit estre iusticie de
moura tout fait en la place de vienne. les
diables firent ces choses affin q̃l ne se re=
pentist. Car silz leussent iusticie par aduen
ture il se fust repenty et ilz leussent perdu et
le firent aussi pour lauoir en corps ⁊ en ame
et quil fust dapne a tousiour mais . Et a
pres toutes ses choses les cheualiers de lē=
pereur sen retournerent a romme et comp=
terent tout le faict de pilate a lépereur et a
ses gens et pareillement le compterent a
iaffet de taffa a iacob ⁊ a ioseph dabarimathie.

Cy finist cepresent traictie
intitule la destruction de iherusalem et
la mort de pilate.